Das Spiel-, Mal- und Ratebuch für die Ferien

Text:

Rebecca Gilpin, James Maclaine
und Lucy Bowman

Gestaltung und Illustrationen:

Erica Harrison, Tane Williams
und Stella Baggott

Die Lösungen zu den Rätseln
findest du auf den Seiten 61 bis 64.

GW01326317

GUTE REISE!

Silhouetten

Reisegepäck gibt es in allen möglichen Formen und Farben. Verbinde jedes Gepäckstück und die dazugehörige Silhouette mit einer Linie.

Wo in aller Welt?

Dies ist ein Spiel für zwei oder mehr Spieler.

Ein Lösungsvorschlag zählt auch als Frage.

1. Ein Spieler überlegt sich ein Land, in das er gerne reisen würde.

2. Die anderen versuchen, das Land mit höchstens zehn Fragen zu erraten. Die Fragen dürfen nur mit „Ja" oder „Nein" beantwortet werden.

3. Sieger ist, wer das richtige Land errät. Gelingt dies niemandem mit der zehnten Frage, gewinnt der Spieler, der die Frage gestellt hat.

Der andere Apparat

Alle Fotoapparate kommen doppelt vor, mit einer Ausnahme. Finde ihn und nimm ihn mit auf die Reise!

Koffer packen

Zeichne alle Sachen ein, die du in den Urlaub mitnehmen möchtest.

Dinge, die man für einen Strandurlaub braucht ...

... oder zum Skifahren im Winter ...

... und zur Unterhaltung, damit dir unterwegs nicht langweilig wird.

Da war noch was ...

In diesem Rucksack fehlt noch etwas. Findest du heraus, was es ist?

SCHIFF AHOI!

Die Fähre sticht bald in See. Bringe vorher alle Autos an Bord und bereite die Kabinen für die Passagiere vor.

Zeichne viele Möwen in den Himmel.

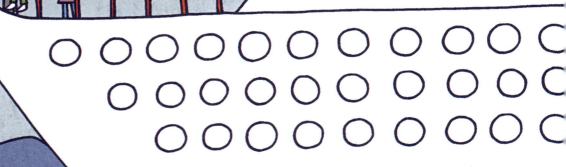

Schlange stehen

Male die Autos noch schnell bunt, bevor sie auf die Fähre fahren. Du musst aber folgende Regeln beachten:

☆ Male alle Autos mit Dachgepäck-träger lila.
☆ Alle Autos zwischen einem roten und einem blauen Auto sind gelb.
☆ Male die Autos neben einem grünen Auto schwarz oder grau.
☆ Alle übrigen Autos sind orange.

Bullaugenrätsel

Alle Personen aus einem Auto bekommen zusammen eine Kabine. Für Autos mit Dachgepäckträger sind sogar zwei Kabinen vorgesehen. Jede Kabine hat ein Fenster, das sogenannte Bullauge. Rechne aus, wie viele Kabinen belegt sind, und schalte das Licht an, indem du die entsprechende Anzahl Bullaugen gelb ausmalst.

Schon gewusst?

Diese Linie am Heck großer Schiffe wird Freibordmarke genannt. Wenn sie unter die Wasseroberfläche sinkt, ist die Ladung zu schwer.

AM FLUGHAFEN

In letzter Minute

Ein Fluggast hat sich verspätet. Zieh so schnell du kannst eine Linie durch die Korridore – vorbei am Check-in-Schalter und der Sicherheitskontrolle bis zum Flugsteig Nr. 42. Gib aber acht, dass du mit deinem Stift nicht die Wände berührst.

CHECK-IN-SCHALTER

SICHERHEITSKONTROLLE

42

Was steckt im Koffer?

Findest du die folgenden Dinge im Koffer? Die Wörter verlaufen waagerecht, senkrecht, diagonal und manche sogar rückwärts.

KAMERA   SEIFE   BADEHOSE   SHORTS
BUCH   HUT   SCHUHE   UHR

```
S E S S A E G T U H
H K H M H R E O K R
O O B U C H S R A E
R O H P M S E H M M
T C T L Z W I T E A
S L M O R E F S R C
N U E S O H E D A B
U H R N C O O B A R
```

Unbekanntes Flugziel

Die Wörter auf der Abflugtafel sind durcheinandergeraten. Kannst du die Buchstaben neu ordnen, damit sie die Namen von fünf Städten ergeben?

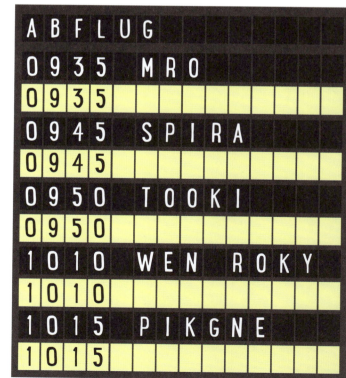

ABFLUG		
0935	MRO	
0935		
0945	SPIRA	
0945		
0950	TOOKI	
0950		
1010	WEN	ROKY
1010		
1015	PIKGNE	
1015		

Gepäcksuche

Welcher Koffer auf dem Gepäckband passt auf die folgende Beschreibung? Kreise ihn ein.

Der Koffer …

☆ … hat Räder.
☆ … ist weder rot noch grün.
☆ … hat keinen Gepäck-
    anhänger.

Passkontrolle

Den Zollbeamten ist ein gefälschter Ausweis aufgefallen. Welche fünf Unterschiede haben wohl zu seiner Entdeckung geführt?

HERR M. VOGEL
02/03/1983
975831

HERR M. VOGEL
03/02/1983
975831

7

AUF KREUZFAHRT

Wohin geht die Reise?

Notiere die Buchstaben, die das Schiff auf seinem Weg zur Insel passiert, um herauszufinden, wohin es fährt.

N A F D
T J A M F I C
R C H A H S A
H A Ä F S
I K
A

HIER KANNST DU DIE BUCHSTABEN AUFSCHREIBEN:

_ _ _ _   _ _ _ _ _

_ _ _ _ _ _   _ _ _ _

_ _ _ _ _ _ _ _ _ _ .

Schon gewusst?

Das vordere und das hintere Ende und die beiden Seiten eines Schiffes haben spezielle Namen, und zwar:

* Wenn man auf einem Schiff in Fahrtrichtung blickt, ist Backbord links.

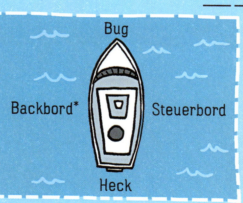

Bug

Backbord*   Steuerbord

Heck

Ha, ha, ha!

Frage: Was ist grün, hat vier Beine und zwei Köpfe?

Antwort: Zwei seekranke Schiffspassagiere

Shuffleboard

Dieser Shuffleboard-Spieler muss seine vier Pucks auf das Punktedreieck schieben. Zeichne die Pucks so auf die Felder, dass sie seine Punktzahl ergeben.

-10   7   8   10

Punktzahl: 12

Pucks

Am Tisch der Kapitänin

Lies die Regeln der Kapitänin und finde das Gericht, das nicht nach ihren Wünschen serviert wurde.

Regeln

☆ Meeresfrüchte auf runden Tellern

☆ Fleisch auf Tabletts mit Griffen

☆ Vegetarische Gerichte auf viereckigen Platten

☆ Nachtisch auf Servierplatten mit Fuß

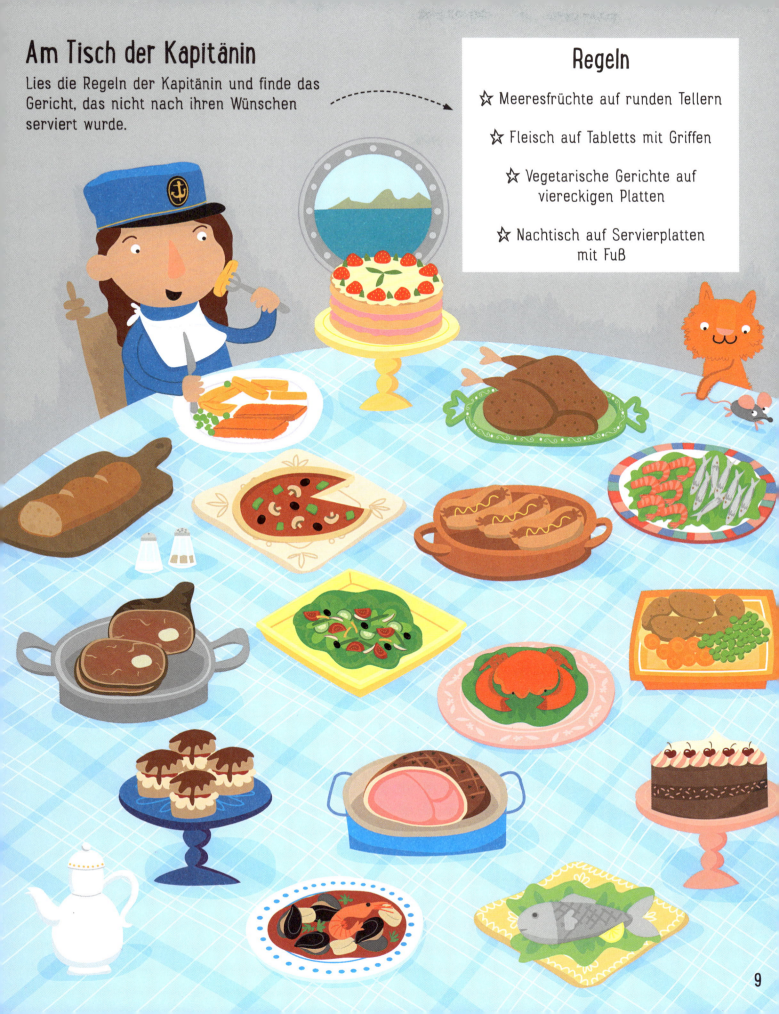

SPIELE FÜR UNTERWEGS

Ob im Auto, Zug oder Flugzeug – diese Spiele sind ein toller Zeitvertreib für unterwegs.

Kettengeschichte

Dies ist ein Fantasiespiel für eine beliebige Anzahl Personen.

Die Spieler sagen abwechselnd fünf Wörter, die nach und nach eine spannende Geschichte ergeben.

Autoteile

Dies ist ein Spiel für zwei Personen. Ein Spieler denkt sich ein Wort aus und der andere versucht, es zu erraten, bevor der erste Spieler das Auto fertig gemalt hat.

1. Spieler 1 denkt sich ein Wort aus und macht auf einem Blatt Papier für jeden Buchstaben einen Strich.

2. Spieler 2 nennt einen Buchstaben, der in dem Wort vorkommen könnte.

3. Kommt er vor, trägt Spieler 1 ihn ein.

Wenn nicht, zeichnet Spieler 1 das erste Autoteil, schreibt den Buchstaben auf und streicht ihn durch.

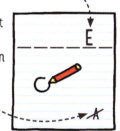

4. Und so geht es weiter: Spieler 2 rät Buchstaben und Spieler 1 trägt sie ein oder fügt Autoteile hinzu.

Spieler 2 darf statt eines Buchstabens auch ein ganzes Wort raten, doch wenn es nicht stimmt, fügt Spieler 1 ein weiteres Autoteil hinzu. Sieger ist, wer zuerst das Wort errät oder das Auto fertig malt.

Hier ist Platz, um dieses Spiel zu spielen.

Im Zug

Bei diesem Gedächtnisspiel müssen sich die Spieler eine Liste von Dingen merken und immer etwas Neues hinzufügen:

Auf einer Flugreise könnt ihr das Spiel mit Dingen spielen, die man im Flugzeug sieht.

Australien, Brasilien, China ...

Bei diesem Spiel müssen die Spieler reihum Länder nennen, die mit dem jeweils nächsten Buchstaben des Alphabets anfangen. Zuerst mit A, dann mit B und so weiter:

Für einige Buchstaben gibt es kein Land. Sprecht daher vorher ab, welche ihr auslassen wollt.

Dieses Spiel kann man auch mit Tieren, Lebensmitteln oder ganz ohne Thema spielen.

„Ich sehe kein ..."

Bei diesem Fantasiespiel nennt man Dinge, die man NICHT sehen kann.

1. Ein Spieler denkt sich etwas aus, was er nicht sehen kann, und sagt: „Ich sehe kein ...". Dann gibt er zwei Anhaltspunkte. Er nennt den Oberbegriff (in diesem Fall ein Tier) und den Anfangsbuchstaben (L):

2. Der zweite Spieler beginnt zu raten:

3. Hat er richtig geraten, darf sich der zweite Spieler etwas ausdenken. Errät er das Tier nicht, ist der erste Spieler noch einmal an der Reihe.

AM MITTELMEER

Im Fischerdorf

In diesem Fischerdorf herrscht Hochbetrieb. Finde Folgendes und kreise es ein:

☆ zwei Leute mit weißen Kappen
☆ drei Leute mit Hund
☆ eine Person, die etwas fotografiert
☆ acht Vögel
☆ sechs Katzen
☆ zwei Kinder, die gerade ein Eis essen
☆ ein Künstler mit einer Staffelei

Petri Heil!

Jonas, Noah und Alex hatten heute viel Glück beim Angeln, aber leider ist ihr Fang durcheinandergeraten. Wie viele Fische hat jeder Junge gefangen?

Jonas: Ich habe kleine Fische gefangen.

Noah: Ich habe mittelgroße Fische gefangen.

Alex: Bei mir haben große Fische angebissen.

Jonas ....

Noah ....

Alex ....

Male die Fische beim Zählen aus. Nimm für jede Größe eine andere Farbe.

Inselnamen

Kannst du die Buchstaben dieser Mittelmeerinseln wieder ordnen?

SIKORAK ....

ZIABI ....

ETRAK ....

LIZINESI ....

Sommersalat

Hier ist ein einfaches Rezept für einen leckeren griechischen Salat. Für vier Personen brauchst du folgende Zutaten:

Schneide mich in Scheiben!

eine halbe Gurke

Halbiere uns!

500 g Kirschtomaten

Schneide mich in dünne Scheiben!

1 rote Zwiebel

Mach Würfel aus mir!

200 g Feta oder Salatkäse

Wir können schwarz ...

... oder grün sein!

einige entsteinte Oliven

Für die Salatsoße brauchst du:

3 Esslöffel Olivenöl

Press mich aus!

Saft einer halben Zitrone

Schäle und zerdrück mich!

1 kleine Knoblauchzehe

etwas Salz und Pfeffer

1. Vermenge die Salatzutaten in einer großen Schüssel.

2. Verrühre die Zutaten für die Soße in einem Becher.

Nimm eine Gabel.

3. Verteile die Soße gleichmäßig über dem Salat und hebe sie unter. Fertig!

Dazu passt frisches Weißbrot.

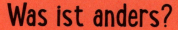

FERIENHOTEL

Ich wünsche einen angenehmen Aufenthalt! Kannst du wohl die Rätsel in den Hotelzimmern lösen?

Was ist anders?

Die Gäste für Zimmer Nr. 30 sind eingetroffen, aber Zimmer Nr. 29 ist noch leer. Kreise die fünf Dinge ein, die in Zimmer Nr. 30 anders sind.

Ein Kellner in der Klemme

Der Kellner muss die Tische im Speisesaal decken. Für wie viele Gedecke reichen die Gläser, Teller, Messer, Gabeln und Löffel?

ANTWORT:..........

Versteckte Botschaft

Auf der Tageskarte stehen viele leckere Gerichte – aber auch eine versteckte Botschaft! Kannst du sie entziffern?

Tageskarte

ItaliEnIsche Gemüsesuppe
KrabbeNcocktail
ScHinken mit Melone
***
SpAghetti Bolognese
Gemüseauflauf
BrAtwuRst mIt KartoffelN
RinDerbratEn
***
ERdbeereiS
ApfelkUchen mit Sahne
SchokoPudding
APrikosencrEme

Auf dem Dach

Male Blumen in die leeren Töpfe.

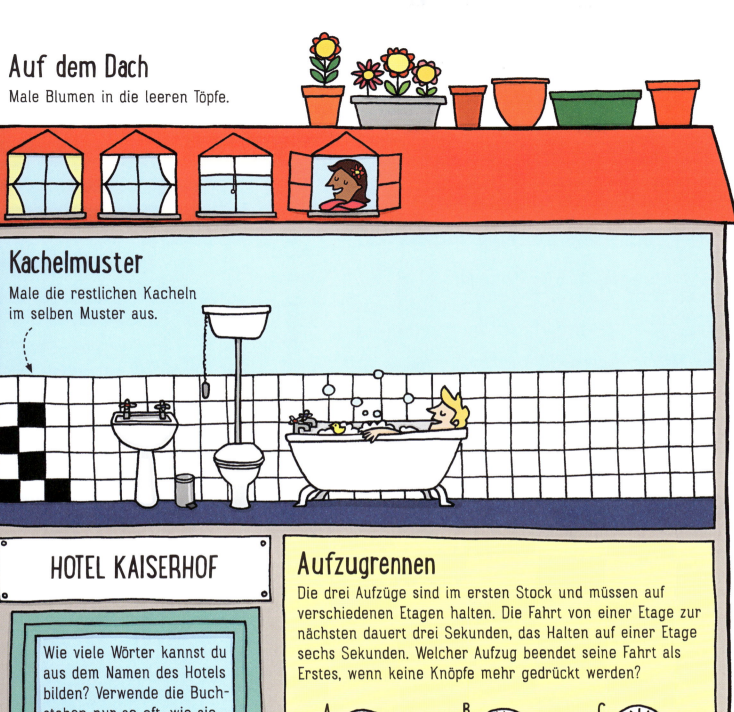

Kachelmuster

Male die restlichen Kacheln im selben Muster aus.

HOTEL KAISERHOF

Wie viele Wörter kannst du aus dem Namen des Hotels bilden? Verwende die Buchstaben nur so oft, wie sie in dem Namen vorkommen, und schreibe die Wörter auf die Tür.

Aufzugrennen

Die drei Aufzüge sind im ersten Stock und müssen auf verschiedenen Etagen halten. Die Fahrt von einer Etage zur nächsten dauert drei Sekunden, das Halten auf einer Etage sechs Sekunden. Welcher Aufzug beendet seine Fahrt als Erstes, wenn keine Knöpfe mehr gedrückt werden?

A. B. C.

Hier ist Platz zum Rechnen:

SOMMER IM GARTEN

Verirrt!

Dieses Mädchen ist ziellos im Labyrinth herumspaziert und hat sich verirrt. Hilf ihm, wieder herauszufinden.

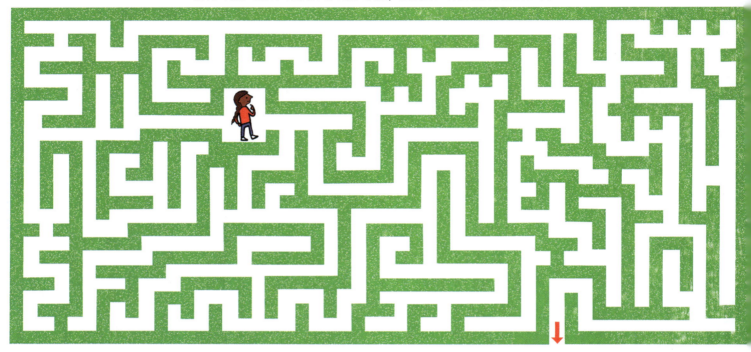

Was krabbelt denn da?

Zwischen den Blumen haben sich alle möglichen Krabbeltiere versteckt. Wie viele findest du jeweils? Male beim Zählen die Insekten und Spinnen und danach die Blumen und Gräser aus.

RAUPEN: ....   SCHMETTERLINGE: ....

KÄFER: ....   BIENEN: ....

SPINNEN: ....

16

BALLSPIEL

1. Die Spieler stehen im Kreis und einer hält den Ball.

2. Wer den Ball hält, ruft den Namen einer Blume oder Pflanze und wirft den Ball dann einem anderen Spieler zu.

TULPE

3. Bevor ein Spieler den Ball fängt, muss er eine andere Blume oder Pflanze nennen.

FARN

4. Wer den Ball nicht fängt, eine Blume oder Pflanze wiederholt oder sie nicht rechtzeitig nennt, scheidet aus.

OSTERGLOCKE

TULP... OJE!

5. Wer als Letztes übrig ist, gewinnt.

Blumenbeete

Überlege, wie viele Blumen im letzten Beet wachsen müssen, und male sie hinein.

Zeichne weitere Blumen und Krabbeltiere.

KNOBELMEISTER

Verschlüsselte Tiernamen

Finde für jedes Rätsel (A, B und C) die richtige Anleitung (siehe rechts) und versuche dann, es zu lösen.

ANLEITUNG

1. Beginne ganz oben in der Mitte und schreibe die Buchstaben zweimal so im Kreis herum, dass jeder zweite Buchstabe das Wort ergibt.

   Rätsel: ....

2. Schreibe zwischen jeden Buchstaben drei andere, die nicht dahingehören.

   Rätsel: ....

3. Ersetze jeden Buchstaben durch den, der im Alphabet vor ihm kommt.

   Rätsel: ....

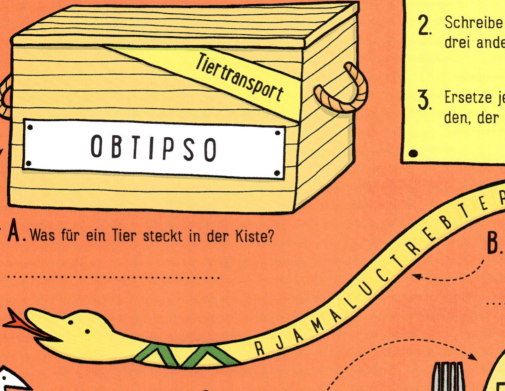

Tiertransport

OBTIPSO

A. Was für ein Tier steckt in der Kiste?

....

RJAMALUCTREBTERIEFIO

B. Was hat die Schlange gerade verspeist?

....

C. Welches Insekt ist über den Teller gekrabbelt?

....

E R R K L E K K A A

Ich will anders sein!

Kannst du dieses Muster mit drei verschiedenen Farben so ausmalen, dass sich keine gleichfarbigen Vögel nebeneinander befinden?

Farbenquadrate

Die neun kleinen Quadrate, die das große Quadrat ergeben, stehen je nach Farbe für eine bestimmte Zahl. Kannst du anhand der Summe am Ende jeder Reihe und Spalte errechnen, für welche Zahl jede Farbe steht?

Kannst du nun die Summen dieser beiden Reihen und Spalten ausrechnen?

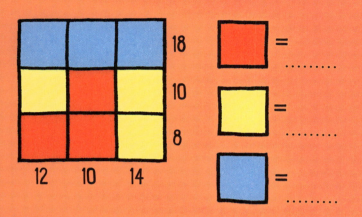

18

10

8

12   10   14

🟥 = ...

🟨 = ...

🟦 = ...

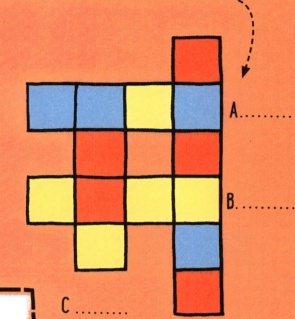

A..........

B..........

C ....

D..........

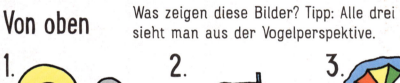

Von oben

Was zeigen diese Bilder? Tipp: Alle drei sieht man aus der Vogelperspektive.

1.   2.   3.

Gesichter malen

Mache aus diesen Kreisen lustige Gesichter.

Tüftelei

Ich habe sieben Freunde und eine Schachtel mit sieben Pralinen. Wie kann ich jedem Freund eine Praline geben und noch eine in der Schachtel haben?

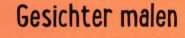

IN DER KUNSTGALERIE

Kannst du die Gemälde rechtzeitig zur Eröffnung der Ausstellung fertig malen?

Strichmännchen
Zeichne mehr Menschen in das Bild.

Wer ist's?
Mach aus diesem Umriss ein Porträt.

Kunterbuntes Muster
Male dieses Muster bunt aus.

Da fehlt doch was …

Das rechte Porträt ist eine Fälschung. Ergänze die sieben fehlenden Details, sodass es wie das Original aussieht.

Linienmuster

Zeichne das angefangene Linienmuster weiter, bis kein Platz mehr ist. Schaffst du es, ohne den Stift abzusetzen?

Lauter Quadrate

Wie viele Quadrate sind auf dem Bild? Ziehe die Linien mit bunten Stiften nach, dann ist es einfacher, sie zu zählen!

Antwort:…….

IM FREIZEITPARK

Achterbahnfahrt

Diese Achterbahn ist superschnell! Male den Fahrgästen wehendes Haar und ängstliche oder lachende Gesichter. Und wo sind überhaupt ihre Arme?

Riesenrad

Die Bilder in dem Rad folgen einer Regel. Male das fehlende Bild in das leere Dreieck.

WILDWASSERFAHRT

Welches der vier Kinder hat auf der Wildwasserfahrt etwas verloren?

Bunte Ballons

Oje, einer der Ballons wird gleich platzen! Zähle, wie viele der unten genannten Gegenstände du im Freizeitpark siehst, und streiche alle Ballons mit dieser Zahl durch, bis nur noch einer übrig ist. Zeichne zum Schluss einen Vogel, der diesen Ballon mit seinem Schnabel zum Platzen bringt.

☆ Reifen
☆ Eiswürfel
☆ Blitze
☆ Vögel
☆ Bäume
☆ Pinke Fische
☆ Pfeile

Versuch dein Glück!

Um bei diesem Spiel einen Preis zu gewinnen, musst du herausfinden, welcher Gegenstand in jeder Reihe anders ist.

23

INSELPARADIES

In den Weiten des Ozeans gibt es noch viele einsame Inseln.
Lass deiner Fantasie freien Lauf und erwecke sie zum Leben.
Male auch Schiffe und Meerestiere dazu.

Du könntest zum Beispiel
Häuser, Bäume, und Tiere
auf die Inseln malen.

Male noch mehr Fontänen,
spritzende Wale und hungrige
Haie ins Meer!

Male Vögel, die am
Himmel fliegen ...

... Schiffe und Boote ...

... oder U-Boote
auf geheimer
Mission!

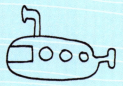

FERIEN ZU HAUSE

Besuch von Freunden

Welche zwei Freunde wollen Niklas besuchen?

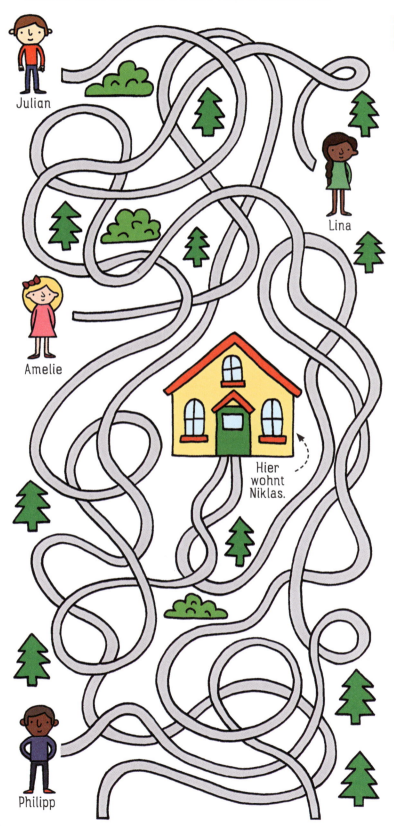

Julian

Lina

Amelie

Hier wohnt Niklas.

Philipp

Seltsame Grillparty

Auf dieser Grillparty war ein Spaßvogel am Werk. Findest du sechs Dinge, die falsch sind?

Löffelsuche

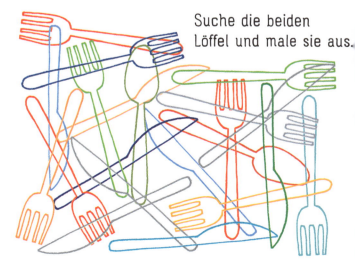

Suche die beiden Löffel und male sie aus.

Mmh, Eis!

Verbinde die Eispaare jeweils mit einer Linie.
Kreise das Übriggebliebene ein.

SPIELE FÜR MEHRERE

Hunde würfeln

Die Spieler würfeln reihum und zeichnen jeweils den Teil eines Hundes, welcher der gewürfelten Zahl entspricht, auf ihr Blatt:

☆ ... 6 für den Körper
☆ ... 5 für ein Ohr
☆ ... 4 für ein Auge
☆ ... 3 für ein Bein
☆ ... 2 für den Schwanz
☆ ... 1 für den Kopf

Zuerst muss der Körper und dann der Kopf gezeichnet werden (du musst also erst eine 6 und dann eine 1 würfeln). Danach ist die Reihenfolge egal.

Sieger ist, wer seinen Hund zuerst fertig gemalt hat.

Bienenspiel

Dies ist ein Spiel für zwei Personen. Wer an der Reihe ist, darf in EINER Zeile so viele Bienen durchstreichen, wie er möchte. Sieger ist, wer den Mitspieler zwingt, die letzte Biene durchzustreichen.

Du kannst das Spiel auch mehrmals spielen: Du brauchst nur vier Reihen mit Bienen oder Kreisen auf ein Blatt Papier zu malen.

Faltbilder

Jeder Spieler bekommt einen Stift und ein längliches Blatt Papier.

1. Zeichne zuerst einen Kopf und einen Hals.

Der Hals muss zu sehen sein.

2. Falte das obere Ende um und gib das Blatt dem nächsten Spieler.

3. Zeichne Körper und Arme auf das nächste Blatt.

Das Ende des Körpers muss sichtbar sein.

4. Knicke das Blatt wieder um und reiche es weiter.

5. Jetzt sind die Beine dran.

Die Knöchel müssen sichtbar sein.

6. Falte das Blatt um und reiche es weiter.

7. Zum Schluss noch die Füße.

8. Knicke das Blatt um und reiche es weiter.

9. Faltet die Blätter auf. Jetzt seht ihr die fertigen Figuren!

Papierhubschrauber

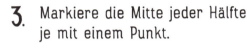
Pro Hubschrauber brauchst du einen 5 x 20 cm langen Papierstreifen und eine Büroklammer.

1. Ziehe eine Linie längs der Mitte des Streifens.

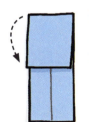
Knicke das obere Drittel zu dir.

2. Falte es auf und schneide entlang der Linie bis zum Knick.

Ziehe eine Linie etwas unterhalb des Knicks.

3. Markiere die Mitte jeder Hälfte je mit einem Punkt.

Schneide das Papier bis zu den Punkten ein.
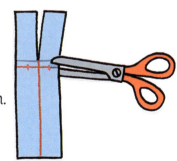

4. Knicke die Seiten nach innen, sodass sie sich in der Mitte berühren.

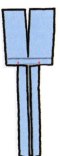

5. Falte den unteren Teil bis zur Linie nach oben.

6. Falte diesen Streifen nach vorne ...

Steck die Büroklammer auf.

... und diesen Streifen nach hinten.

7. Wirf deinen Hubschrauber in die Luft. Er wird sich beim Fallen drehen.

Ganz schön verschachtelt!

Schreibt abwechselnd die Anfangsbuchstaben eurer Namen in ein, zwei, drei oder vier angrenzende Kästchen. Wer seine Initialen in das letzte Kästchen schreibt, gewinnt.

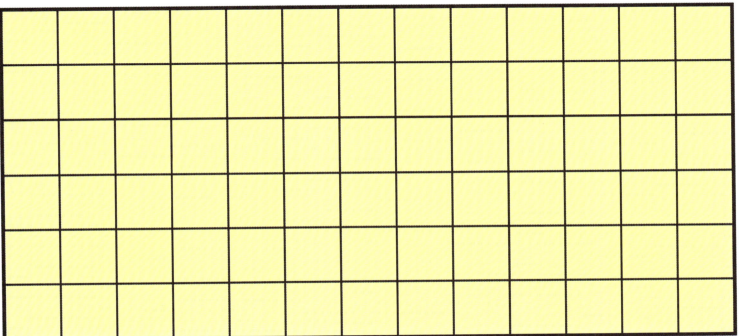

AUF DER SKIPISTE
Wo geht's ins Tal?

Kannst du dem Snowboarder den Weg ins Tal zeigen? Pass aber auf, dass er nicht mit Skifahrern zusammenstößt, gegen Bäume prallt oder in einem Schneehaufen landet.

Bunte Snowboards

Zeichne Muster auf die Snowboards und male sie aus.

Wie heißen die Berge?

In dieser Bergkette sind die Namen von vier bekannten Bergen versteckt. Du findest sie, indem du an der Kuppe beginnst und aus jeder Reihe einen Buchstaben oder eine Buchstabengruppe hinzufügst.

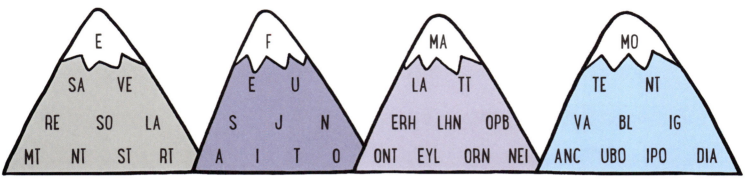

Trage die Namen hier ein:

....

Jeder ist anders!

An jedem dieser fünf Skifahrer ist irgendein Detail anders. Kannst du es finden und einkreisen?

Skier sortieren

Verbinde jedes Paar Skier mit einer Linie. Ein Ski bleibt übrig. Kreise ihn ein!

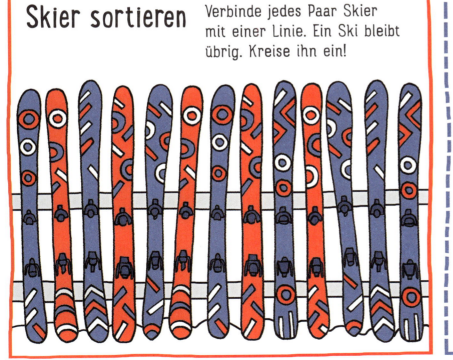

Zugeschneit

Die Plus- und Minuszeichen dieser Rechenaufgaben sind von Schneebällen verdeckt. Welche Zeichen fehlen, damit das Ergebnis stimmt?

$12 \bigcirc 5 \bigcirc 3 = 10$

$14 \bigcirc 2 \bigcirc 1 = 11$

$90 \bigcirc 40 \bigcirc 30 = 80$

$7 \bigcirc 3 \bigcirc 2 \bigcirc 4 = 8$

OB SONNE ...

Male diesen Sonnen lustige Gesichter.

Zeichne Hüte und Mützen.

Füge eine Sonnenbrille hinzu.

Male Halbkreise als Augen – dann ist die Sonne besonders gut gelaunt!

... ODER REGEN

Gib jeder Wolke und jedem Regentropfen ein anderes Gesicht.

Versuche, ein schlafendes Gesicht zu malen.

Male mehr Regentropfen.

Füge ein paar Blitze hinzu.

SPASS BEIM ZELTEN

Auf diesen Seiten findest du Tipps und Rätsel rund ums Zelten.

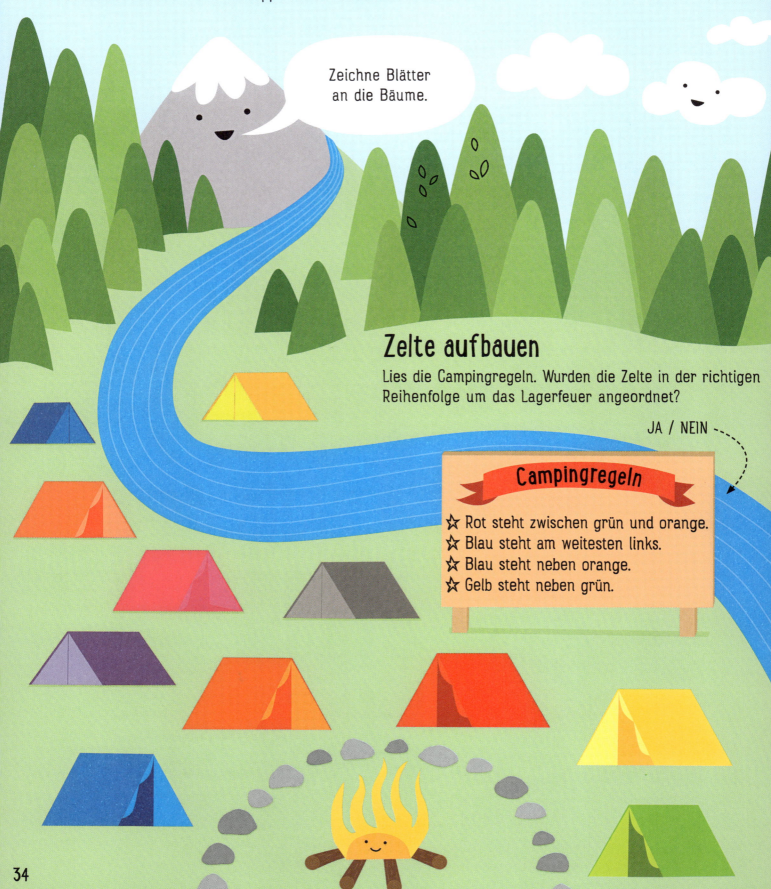

Zeichne Blätter an die Bäume.

Zelte aufbauen

Lies die Campingregeln. Wurden die Zelte in der richtigen Reihenfolge um das Lagerfeuer angeordnet?

JA / NEIN

Campingregeln

☆ Rot steht zwischen grün und orange.
☆ Blau steht am weitesten links.
☆ Blau steht neben orange.
☆ Gelb steht neben grün.

Kleine Knotenfibel

Hier siehst du einige Knoten, die beim Zelten nützlich sein können. Versuche, sie mit einem Band oder Seil zu binden.

Mastwurf

Dieser Knoten ist nützlich, um etwas an einem Pfahl festzubinden.

Bilde zwei Schlaufen.

Lege diese Schlaufe ...

... über die andere.

Stülpe beide Schlaufen über einen Pfahl.

Ziehe die Seilenden fest.

Verbindungsknoten

Dieser Knoten verbindet ein dickes Seil mit einem dünnen.

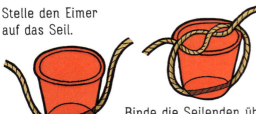

Führe das dünne Seil unter und dann über das dicke Seil ...

... dann darunter her nach oben ...

.... und von oben durch die dünne Schlaufe.

Schlinge

Damit kannst du einen Eimer ohne Henkel tragen.

Stelle den Eimer auf das Seil.

Binde die Seilenden über dem Eimer zusammen.

Vergrößere die Schlaufe und ziehe sie über den Eimerrand.

Ziehe die Seilenden stramm.

Binde die Enden zu einem Henkel.

Marshmallow-Spieße

Jede Zahlenreihe auf diesen drei Marshmallow-Spießen folgt einer anderen Regel. Trage die fehlenden Zahlen ein:

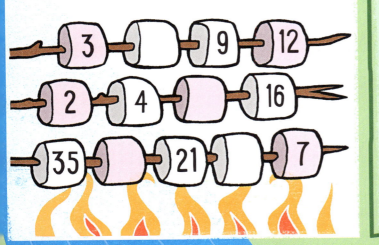

3 9 12

2 4 16

35 21 7

Rucksack packen

Den Wörtern auf dieser Liste fehlen die Vokale: A, E, I, O, U. Kannst du die richtigen Wörter unten eintragen?

LISTE
1. KLDR
2. KMPSS
3. HNDTCH
4. WSSRFLSCH
5. SCHLFSCK

1. _____

2. _____

3. _____

4. _____

5. _____

IN DER WÜSTE

Wasser!

Die beiden Wüstenwanderer haben großen Durst. Kannst du ihnen den Weg durch die karge Landschaft zu dem kleinen Laden zeigen?

Autsch!

Ein Cowboy ist vom Pferd gefallen und auf mehreren Kakteen gelandet. Vorher hatte jeder Kaktus 20 Stacheln. Kreise die Kakteen ein, auf denen er gelandet ist, und rechne aus, wie viele Stacheln sie verloren haben.

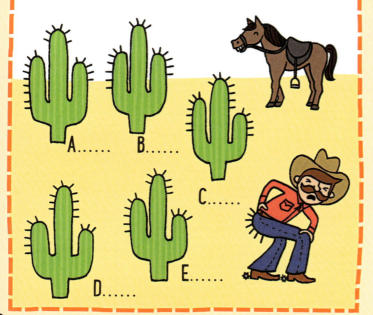

A...... B...... C...... D...... E......

Richtig oder falsch?

Kreise die richtige Antwort ein.

1. Wüsten sind immer heiß. RICHTIG / FALSCH

2. Sanddünen wandern. RICHTIG / FALSCH

3. In der Wüste wachsen Blumen. RICHTIG / FALSCH

4. Alle Wüsten sind Sandwüsten. RICHTIG / FALSCH

5. Viele Wüstentiere kommen nur nachts aus ihrem Versteck. RICHTIG / FALSCH

Wüstenwörter

Auf diesem Felsen sind die folgenden Wörter versteckt. Sie können waagerecht, senkrecht und sogar rückwärts verlaufen:

KAKTUS

WÜSTE

TROCKEN

HEISS

INSEKT

STEINE

SAND

SONNE

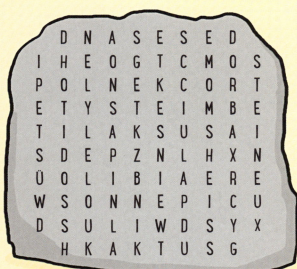

```
D N A S E S E D
I H E O G T C M O S
P O L N E K C O R T
E T Y S T E I M B E
T I L A K S U S A I
S D E P Z N L H X N
Ü O L I B I A E R E
W S O N N E P I C U
D S U L I W D S Y X
H K A K T U S G
```

Hungriges Gürteltier

Welchem Pfad muss das Gürteltier folgen, um zu den leckeren Ameisen zu gelangen?

A. B. C. D.

Auf zum Gipfel!

Wie kommt die Kletterin die Felswand hinauf? Zum Glück gibt es Vorsprünge, die ihr den Aufstieg erleichtern. Der nächste Vorsprung muss aber immer zwei Quadrate höher und ein Quadrat nach links oder rechts liegen.

ZIEL

START

SURFEN

Male die Surfbretter und die Surferkleidung bunt an.

Male das Muster auf diesem Surfbrett fertig ...

... und male hier dein eigenes Muster.

Gestalte auch die Kleidung mit Wörtern und Mustern.

Auf dem Meer

Folge der Anleitung und zeichne weitere Windsurfer und andere Wassersportler.

Zeichne ein Brett, einen Mast, ein Segel ...

... und einen Windsurfer dazu.

Bunter Surfbus

Zeichne Muster auf diesen Bus.

Wie viele Wörter kannst du aus diesem Wort bilden?

WELLENREITEN

Verwende die Buchstaben nur so oft, wie sie in dem Wort vorkommen.

Schreibe deine Wörter neben den Surfer.

Surfersprache

Der Surfsport hat seine eigene Sprache. Hier sind einige Beispiele:

☆ Set – eine Gruppe von Wellen
☆ Lip – Rand einer brechenden Welle
☆ Barrel – Hohlraum unter dem Bogen einer brechenden Welle
☆ Glassy – Glatte Wasseroberfläche bei Windstille
☆ Rail – Kante des Surfbretts
☆ Wipeout – unfreiwilliger Sturz vom Brett beim Surfen einer Welle

FRÜHLINGSREISE

Fahrradtour

In welchem Kartenquadrat befindet sich das Fahrrad? Die Hinweise helfen dir.

☆ Es steht in einem Quadrat ohne Wasser.

☆ Es ist in einem Quadrat neben einem Gebäude.

☆ In einem Quadrat nebenan steht ein Baum.

☆ Es steht nicht in der Nähe der Berge.

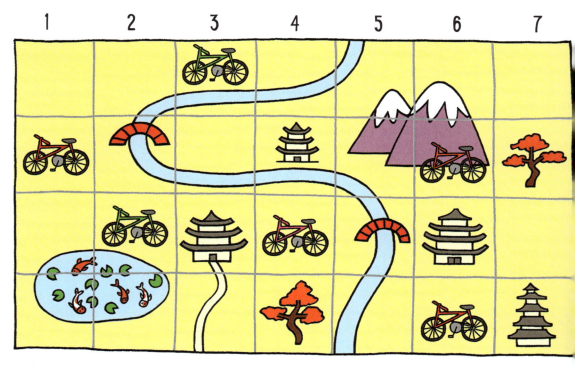

Winkekatzen

Diese winkenden Katzenfiguren bringen ihren Besitzern Glück. Welche der sechs Figuren sieht nicht wie die anderen aus?

Sushi-Teller

Die Sushi-Teller werden in einer bestimmten Reihenfolge serviert. Welcher Teller kommt als Nächstes? A, B oder C?

Sushi-Sudoku

Male die vier Sushi-Gerichte in das Gitter.

Jede Reihe und jede Spalte muss jedes der vier Gerichte enthalten.

Kirigami-Blumen

Kirigami nennt man die Kunst, unge-
wöhnliche Formen aus Papier zu falten und zu
schneiden. Falte ein quadratisches Blatt Papier ...

1. ... einmal, ... zweimal, ... dreimal.

2. Male Muster auf das Papier, so wie hier.

3. Schneide sie aus.

4. Falte das Blatt auf. Fertig!

Kirschblüten zählen

Male die Blüten beim Zählen aus.

Trage die Zahl hier ein:

....

Seerosenteich

Zeige dem Frosch einen sicheren Weg über die Seerosenblätter zur rechten Teichseite.

Vermeide Karpfen ...

... und ...

... kaputte Seerosenblätter.

ÜBER DEN WOLKEN

Höhenflug

Das Flugzeug gewinnt immer mehr an Höhe. Zeichne weitere Passagiere in die Fenster.

Wolkenwörter

Kannst du die durcheinandergeratenen Buchstaben in der Wolke ordnen und Wörter bilden?

LITOP

NDWI

LNEEGIF   IHMELM   GLEVO

Vogelpaare

Welche zwei Vögel sehen jeweils gleich aus? Welcher bleibt übrig?

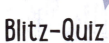

Zeichne weitere Vögel in den Himmel.

Ha, ha, ha!

Frage: Was möchten Wolken werden, wenn sie einmal groß sind?

Antwort: Ein Gewitter.

Blitz-Quiz

1. Einige Flugzeuge fliegen schneller als der Schall. RICHTIG ODER FALSCH?

2. Die ersten Passagiere eines Heißluftballons waren ein Schaf, eine Ente und ein Hahn. RICHTIG ODER FALSCH?

3. Flugzeuge fliegen nicht bei Nacht. RICHTIG ODER FALSCH?

4. Es ist gefährlich, bei Regen in einem Heißluftballon zu fliegen. RICHTIG ODER FALSCH?

5. Einige Wolken sind so dick, dass man auf ihnen liegen könnte. RICHTIG ODER FALSCH?

HOCH IM NORDEN

Schneerätsel

Heute Nacht hat es geschneit und alles ist weiß.
Welches der vier Bilder zeigt die Straße vor
dem Schneefall?

A.  B.

C.  D.

Rentierrennen

Einige dieser Rentiere sind
bei ihrem Wettrennen so
schnell gelaufen, dass sie
ihr Geweih verloren haben.
Kannst du ihnen neue malen?

Flaggenquiz

Findest du anhand der Hinweise heraus,
welche Flagge zu welchem Land gehört?

☆ Die schwedische Flagge ist teilweise blau.
☆ Die dänische Flagge hat ein weißes Kreuz.
☆ Die norwegische Flagge hat ein blaues Kreu
☆ Die finnische Flagge hat einen weißen
  Hintergrund.

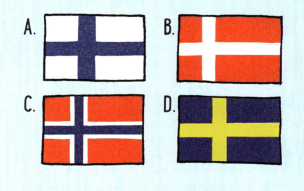

SCHWEDEN ....   FINNLAND ....

NORWEGEN ....   DÄNEMARK ....

Schon gewusst?

Am nördlichen Polarkreis gibt
es Hotels, die fast komplett
aus Eis gebaut sind. Im
Frühjahr schmelzen sie
und werden dann
im Winter neu
gebaut.

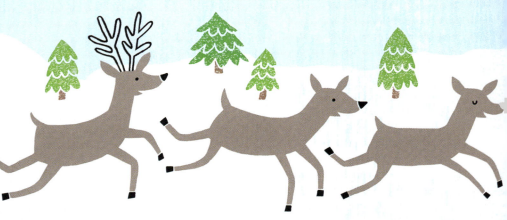

Insel-Kreuzfahrt

Der Dampfer ist schon auf hoher See! Folge den Hinweisen und markiere seine Route in dem Gitter. Wie viele Inseln läuft er an und wo ist das Ziel seiner Fahrt?

Der Dampfer fährt nach:

R R U L L U L U U R U R R R R O
L O O O R R R R R U R U U R

U = unten, O = oben, L = links, R = rechts)

TIPP: Um eine Insel anzulaufen, muss der Dampfer nur in ein Quadrat kommen, durch das ein Teil der Insel verläuft.

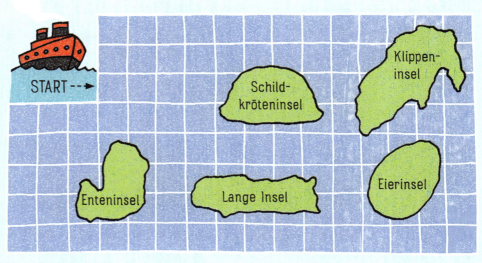

Anzahl der angelaufenen Inseln: ..... Zielhafen: ....

Belegte Brote

Für ein belegtes Brot brauchst du:

eine Scheibe Brot   etwas Butter

1. Streiche die Butter auf das Brot.

Belag (was dir am besten schmeckt), zum Beispiel:

Salami

Tomatenscheiben

Salatblätter

Scheibenkäse

Schinken

Thunfisch, mit Mayonnaise gemischt

2. Verteile den Belag darauf. Iss das Brot mit Messer und Gabel.

REISE INS WELTALL

Würdest du deine Ferien gerne im Weltall verbringen?
Auf diesen Seiten kannst du Planeten besuchen und
Weltraumrätsel lösen.

Weltraumtouristen

Verbinde ähnlich aussehende
Weltraumtouristen mit einer Linie
und kreise den übrig gebliebenen
Touristen ein. (Tipp: Schau dir ihre
Anzüge genau an.)

Zurück zur Rakete

Kannst du dem Astronauten
den Weg zu seiner Welt-
raumrakete zeigen?

Richtig oder falsch?

Es gibt weder Wind noch
Regen auf dem Mond,
daher sind die Spuren
der Astronauten, die dort
gelandet sind, noch
immer zu sehen.

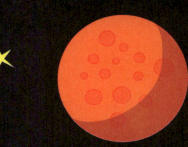

Weltraum-Buggys

Die drei Astronauten wollen eine Spazierfahrt machen. Haben sie genügend Teile, um für jeden Astronauten einen eigenen Weltraum-Buggy zu bauen?

Anzahl der Buggys: ....

Sind es genug? ....

So sieht ein fertiger Weltraum-Buggy aus.

Planetencode

Die Bewohner des gelben Planeten haben eine verschlüsselte Nachricht geschrieben. Knacke zuerst den Code ...

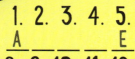

1. 2. 3. 4. 5.
A _ _ _ E

6. 7. 8. 9. 10. 11. 12. 13. 14.
_ _ H _ _ _ _ _ _

15. 16. 17. 18. 19. 20. 21. 22. 23. 24. 25. 26.
_ _ _ R _ T _ _ _ _ _ _

... und übersetze dann ihre Nachricht:

4. 9. 5.   5. 18. 4. 5.   19. 9. 5. 8. 20.
_ _ _   _ _ _ _   _ _ _ _ _

7. 21. 20.   1. 21. 19.   22. 15. 14.
_ _ _   _ _ _   _ _ _

8. 9. 5. 18.
_ _ _ _ !

Sternsuche

Wie oft findest du das Wort „STERN" in diesem Planeten? Es kann senkrecht, waagerecht oder rückwärts dort stehen.

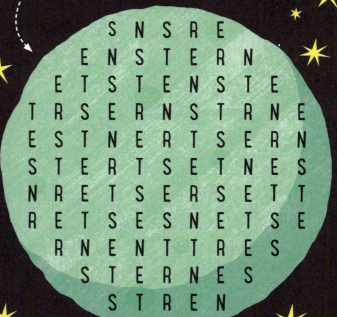

S N S R E
E N S T E R N
E T S T E N S T E
T R S E R N S T R N E
E S T N E R T S E R N
S T E R T S E T N E S
N R E T S E R S E T T
R E T S E S N E T S E
R N E N T T R E S
S T E R N E S
S T R E N

PICKNICK IM PARK

Hungrige Bären

Es ist ein herrlicher Tag und die Bären treffen sich zu einem Picknick. Kannst du die zehn Unterschiede zwischen den beiden Bildern finden?

WIE VIELE BELEGTE BROTE?

Für das belegte Brot auf dem Teller hat der Koch zwei Scheiben Brot, eine Scheibe Käse, zwei Salatblätter und je zwei Scheiben Gurke und Tomate gebraucht. Wie viele weitere belegte Brote kann er mit diesen Zutaten machen?

Antwort:..........

NACHMACH-SPIEL

Dieses Spiel kann man sehr gut bei einem Picknick spielen. Als Erstes müsst ihr einen Anführer wählen.

1. Stellt euch hinter den Anführer und macht alle seine Bewegungen nach.

Anführer

Wer etwas falsch macht, scheidet aus.

2. Der Anführer macht etwas vor, bis nur noch ein Spieler übrig ist.

Er scheidet aus.

Sie ist die neue Anführerin.

Ha, ha, ha!

Frage: Woran erkennt man, dass ein Elefant beim Picknick war?

Antwort: An den Fußstapfen im Schokoladenkuchen.

Honigbienen

Zeichne weitere Bienen in den Schwarm.

Findest du die Ameise, die sich auf diesen Picknickseiten eingeschlichen hat?

MEINE ABENTEUERGESCHICHTE

Auf diesen beiden Seiten kannst du dir eine spannende Geschichte ausdenken und sie aufschreiben.
Die Bilder und Wörter helfen dir beim Erzählen. Und so könnte dein Abenteuer beginnen:

Der Tag, an dem mein Abenteuer begann, schien zunächst
wie jeder andere. Ich war gerade erst aufgewacht, da hörte
ich plötzlich ...

FLUGZEUG

WANDERN

QUIETSCH!

GEISTERHAUS

VÖLLIG DUNKEL

DÜSTER

RAKETE

gefährlich

BRAUS!

WELTALL

SAUS!

Sternschnuppe

Wow!

ERSTAUNLICH

SCHWERTKAMPF

RUINENSTADT

PING!

Boing!

geheimnisvoll

schnelle Autos

finster

BRUMM!

tiefes Meer

TAUCHEN

PLOPP!

atemberaubend

WUMM!   RAUSCH!   ZISCH!   riskant   AUFREGEND

FALLSCHIRM   EISKALT   SAGENHAFT   GLÜHENDE HITZE   GEWAGT   böse   KNALL!

funkelnde
Juwelen

BURGRUINE

KLIRR!

FURCHTERREGEND

UNGLAUBLICH

MUT

RETTUNG

dunkle Höhle

PIEP! PIEP! PIEP!

VULKAN   unbeschreiblich   Gift   FANTASTISCH   rätselhaft

KRACH!   SPANNEND   strömender Regen   PENG!

51

IN DER GROSSSTADT

Sieh dir diese Stadt genau an und versuche, Folgendes zu finden:

☆ drei grüne Autos

☆ neun Wolkenkratzer mit dreieckigem Dach

☆ zwei Ziffernblätter

☆ zehn gelbe Taxis

☆ drei grüne Häuser nebeneinander

☆ einen Hubschrauber

☆ sechs hellgelbe Häuser mit rotem Dach

Eine Stadt aus Papier

Um dieses Stadtbild zu basteln, brauchst du:

alte Zeitungen und Zeitschriften

Klebstoff   Schere

einen schwarzen Stift

1. Ziehe eine schwarze Linie als Straße.

2. Schneide Wolkenkratzer aus und klebe sie nebeneinander.

3. Zeichne mit dem Stift die Fenster.

Du kannst die Fenster auch ausschneiden.

Zum Museum

Schau dir die Karte an und bring dann die Wegbeschreibung vom Bahnhof zum Museum in die richtige Reihenfolge.

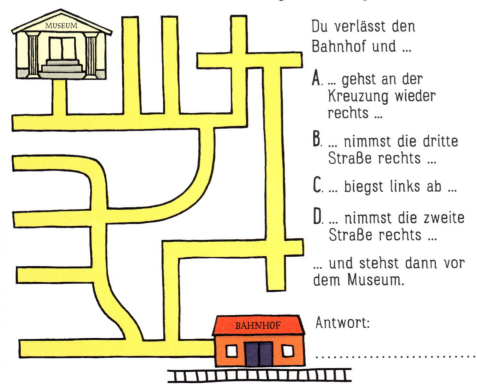

Du verlässt den Bahnhof und …

A. … gehst an der Kreuzung wieder rechts …

B. … nimmst die dritte Straße rechts …

C. … biegst links ab …

D. … nimmst die zweite Straße rechts …

… und stehst dann vor dem Museum.

Antwort:

....

Busroute

Lenke den Bus von Buchstabe zu Buchstabe durch das Gitter. Fahre nach oben, unten, links oder rechts und buchstabiere fünf Gebäude, an denen der Bus in der Stadt vorbeikommen könnte.

C	H	U	S	T	→ ZIEL
O	H	A	M	K	
H	E	H	A	R	
U	R	C	R	I	
A	A	N	M	K	
T	S	T	U	E	
R	E	M	U	S	

START

53

HEISSKALTES ISLAND

Vogelpaare

Welcher Papageitaucher hat keinen Zwilling?

Zugeschneites Schild

Dieses Schild weist den Weg zu fantastischen Naturphänomenen, ist aber zum Teil mit Schnee bedeckt. Welche Buchstaben fehlen?

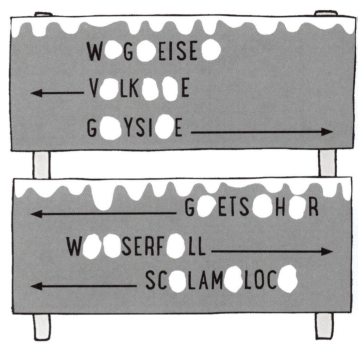

Abenteuer

Björn ist auf dem Nachhauseweg, doch es stehen ihm alle möglichen Hindernisse mit unterschiedlichen Gefahrenpunkten bevor. Die beste Strecke ist die, auf der er die wenigsten Punkte bekommt.

HINDERNISSE

Berg = 1

Geysir = 3

Gletscher = 2

Heiße Lava = 4

Wale beobachten

Wie viele Wale können die Passagiere dieses Schiffs im Meer entdecken?

Anzahl der Wale: ....

Vulkanausbruch?

Trage die fehlenden Zahlen ein und finde heraus, ob der Vulkan ausbricht.

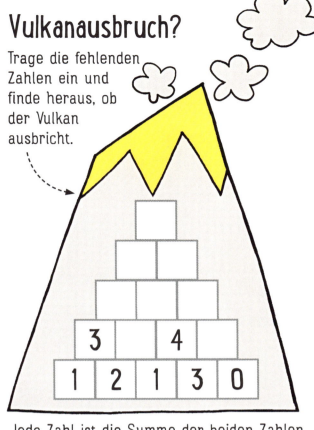

3		4	
1	2	1	3	0

Jede Zahl ist die Summe der beiden Zahlen darunter. Ist die Zahl im obersten Kästchen größer als 25, bricht der Vulkan aus.

BRICHT AUS / BRICHT NICHT AUS

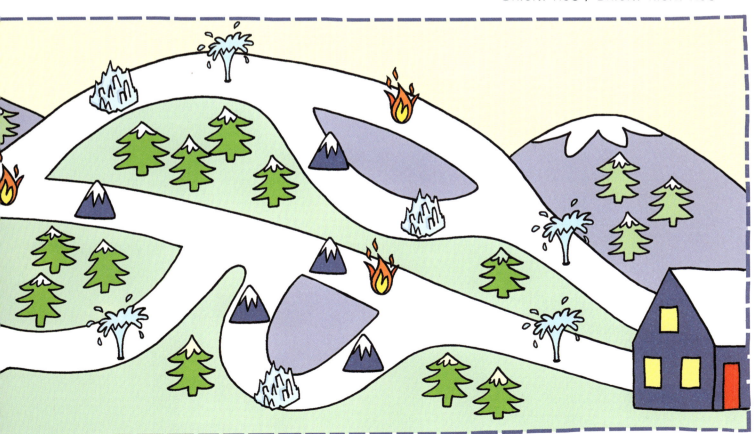

AUF FOTOSAFARI

Nashörner zeichnen

Zeichne einen Kopf und den Körper.

Füge vier Beine, einen Schwanz ...

... zwei Hörner und das Gesicht hinzu.

Male es aus.

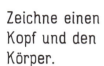

Zeichne hier weitere Nashörner dazu.

Das Horn eines Nashorns kann über einen Meter lang werden.

Erdmännchen

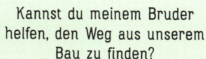

Kannst du meinem Bruder helfen, den Weg aus unserem Bau zu finden?

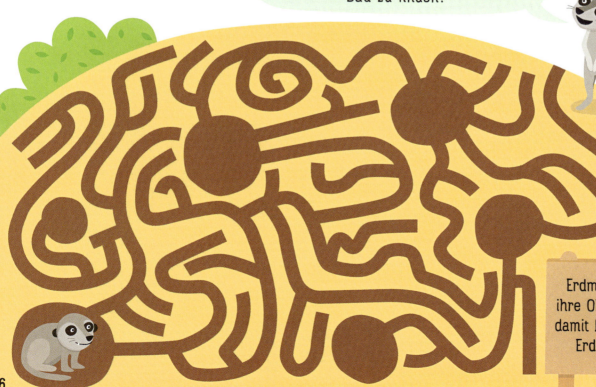

Erdmännchen können ihre Ohren verschließen, damit beim Graben keine Erde hineinkommt.

Giraffengitter

Kannst du diese drei Quadrate in dem Bild finden?

BEISPIEL:

= B3

=

=

=

A   B   C   D   E   F   G   H

Der Hals einer Giraffe kann so lang werden wie ein erwachsener Mensch groß ist.

Eine Galapagos-Schildkröte kann mehr wiegen als fünf Menschen.

Gieriger Pelikan

Wie viele Fische wird der Pelikan gleich verschlucken?

Pelikane fangen oft viele Fische auf einmal.

Schildkröten-Turm

Zeichne Muster auf die Schildkrötenpanzer.

IM RIESENAQUARIUM

Verbinde die Zahlen von 1 bis 297 und finde heraus, welches riesige Meerestier sich in dem Becken versteckt hält.

Male die Fische bunt aus.

Mit Wellenlinien kann man prima Schuppen zeichnen.

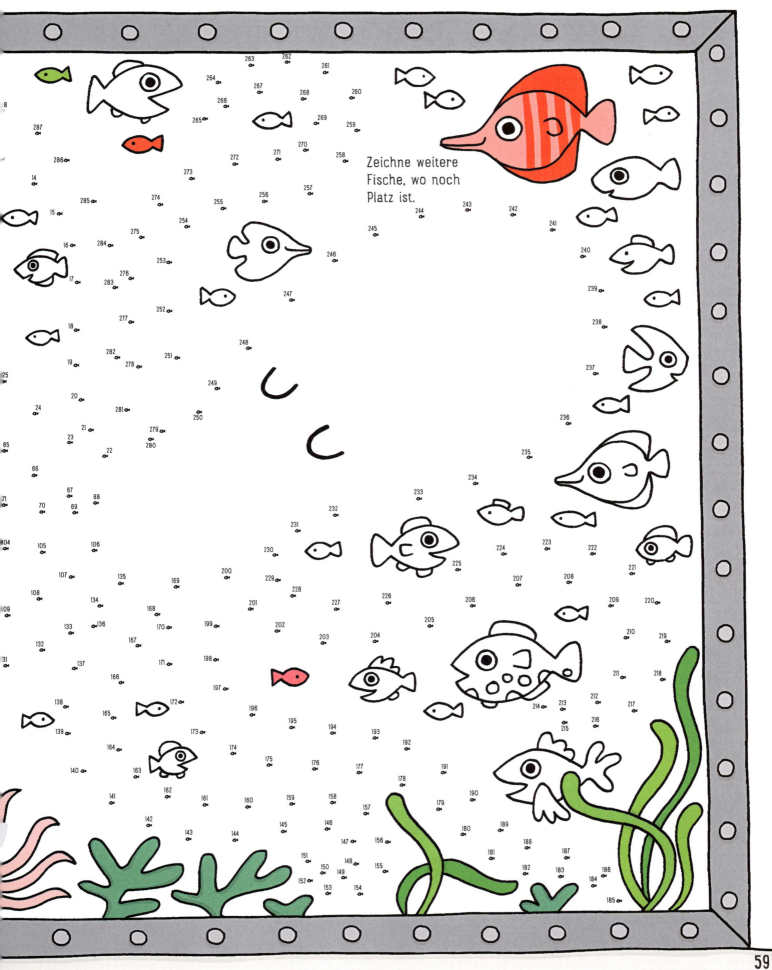

Zeichne weitere
Fische, wo noch
Platz ist.

URLAUBSPOST

Rätselhafte Postkarte

Ich bin verreist – kannst du den Code knacken und herausfinden, wo ich bin? Liebe Grüße, Anna

21

Z G L   Q C G R T G C P U M A F C L
_ _ _   _ _ _ _ _ _ _ _ _ _ _ _ _

G L   I Y J G D M P L G C L - C Q
_ _   _ _ _ _ _ _ _ _ _ _ _ _ _

G Q R   F C G Q Q !
_ _ _   _ _ _ _ _

CODE

A..... B..... C..... D..... E.....

F..... G..... H..... I..... J.....

K..... L..... M..... N.....

O..... P..... Q..... R.....

S..... T..... U..... V.....

W..... X..... Y..... Z.....

Briefmarken

Findest du auf einer dieser Briefmarken einen kleinen Vogel? Male ihn aus.

Stumme Statuen

Riesige Steinfiguren wie diese stehen auf der Osterinsel im Pazifik. Aber welche der vier Figuren ist anders? Gruß, Mia

Hauptstädte

Welchem dieser Kondensstreifen muss ich folgen, um von London nach Nairobi zu fliegen? Viele Grüße, Alex

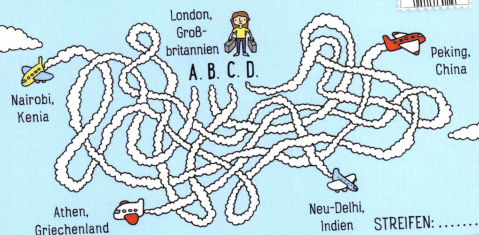

London, Groß-britannien
A. B. C. D.

Nairobi, Kenia

Athen, Griechenland

Neu-Delhi, Indien   STREIFEN: ....

Peking, China

Male auch die anderen Briefmarken aus.

LÖSUNGEN

2-3 GUTE REISE!

SILHOUETTEN:

DER ANDERE APPARAT:

DA WAR NOCH WAS...:

4-5 SCHIFF AHOI!

SCHLANGE STEHEN:

BULLAUGENRÄTSEL:
Es sind 33 Kabinen belegt.

6-7 AM FLUGHAFEN

WAS STECKT IM KOFFER?

UNBEKANNTES FLUGZIEL:

ROM
PARIS
TOKIO
NEW YORK
PEKING

GEPÄCKSUCHE:

PASSKONTROLLE:

HERR M. VOGEL
02/03/1983
975831

HERR M. VOGEL
03/02/1983
975831

8-9 AUF KREUZFAHRT

WOHIN GEHT DIE REISE?
Das Schiff fährt nach Jamaika.

SHUFFLEBOARD:
Zeichne einen Puck auf Feld -10, zwei auf Feld 7 und einen auf Feld 8.

AM TISCH DER KAPITÄNIN:
Der große Fisch liegt auf der falschen Platte.

12-13 AM MITTELMEER

IM FISCHERDORF:

- Leute mit weißen Kappen
- Leute mit Hund
- Person, die etwas fotografiert
- Vögel
- Katzen
- Kinder, die gerade ein Eis essen
- Künstler mit einer Staffelei

PETRI HEIL!
Jonas hat 26 kleine, Noah 19 mittelgroße und Alex 6 große Fische gefangen.

INSELNAMEN:
SIKORAK = KORSIKA, ZIABI = IBIZA, ETRAK = KRETA, LIZINESI = SIZILIEN

14-15 FERIENHOTEL

WAS IST ANDERS?

EIN KELLNER IN DER KLEMME: Sieben

VERSTECKTE BOTSCHAFT: Ein Haar in der Suppe

AUFZUGRENNEN: A

16–17 SOMMER IM GARTEN

VERIRRT!

WAS KRABBELT DENN DA?

BLUMENBEETE:

- ⬤ 1 Raupe
- ⬤ 11 Käfer
- ⬤ 5 Schmetterlinge
- ⬤ 5 Bienen
- ⬤ 4 Spinnen

18–19 KNOBELMEISTER

VERSCHLÜSSELTE TIERNAMEN:
1. C KAKERLAKE
2. B RATTE
3. A NASHORN

ICH WILL ANDERS SEIN!

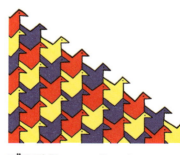

FARBENQUADRATE:

Rot = 2, Gelb = 4, Blau = 6
A. 22, B. 14, C. 14, D. 22

VON OBEN:
1. Jemand mit einem großen Hut, der ein Spiegelei brät
2. Ein Fahrradfahrer mit gelbem Helm
3. Jemand mit Regenschirm in einer Pfütze

TÜFTELEI: Der Junge gibt dem siebten Freund die Schachtel mit der siebten Praline darin.

20–21 IN DER KUNSTGALERIE

DA FEHLT DOCH WAS ...: ⇢

LAUTER QUADRATE: 20 Quadrate

22–23 IM FREIZEITPARK

RIESENRAD:

WILDWASSERFAHRT:
Der Junge auf dem grünen Reifen hat seinen Schuh verloren.

BUNTE BALLONS:
Ballon Nr. 3 wird platzen.

VERSUCH DEIN GLÜCK!

26–27 FERIEN ZU HAUSE

BESUCH VON FREUNDEN:
Lina und Philipp kommen zu Besuch.

LÖFFELSUCHE:

SELTSAME GRILLPARTY:

MMH, EIS!

30–31 AUF DER SKIPISTE

WO GEHT'S INS TAL?

WIE HEISSEN DIE BERGE?
Everest, Fuji, Matterhorn, Mont Blanc

JEDER IST ANDERS!

30–31 AUF DER SKIPISTE (FORTGESETZT)

SKIER SORTIEREN:

ZUGESCHNEIT:

12 - 5 + 3 = 10,
14 - 2 - 1 = 11,
90 - 40 + 30 = 80,
7 + 3 + 2 - 4 = 8

34–35 SPASS BEIM ZELTEN

ZELTE AUFBAUEN:

Nein, die Zelte sollten in folgender Reihenfolge stehen
(von links nach rechts): blau, orange, rot, grün, gelb.

MARSHMALLOW-SPIESSE:

3, 6, 9, 12 (Regel: +3, +3, +3)
2, 4, 8, 16 (Regel: ·2, ·2, ·2)
35, 28, 21, 14, 7 (Regel: -7, -7, -7, -7)

RUCKSACK PACKEN: Kleider, Kompass, Handtuch,
Wasserflasche, Schlafsack

36–37 IN DER WÜSTE

AUTSCH!

Der Cowboy ist auf
Kaktus B, D und E
gefallen. Kaktus B hat
3 Stacheln verloren,
Kaktus D 1 Stachel und
Kaktus E 3 Stacheln.

WASSER!

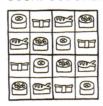

RICHTIG ODER FALSCH?

1. Falsch   2. Richtig   3. Richtig
4. Falsch   5. Richtig

WÜSTENWÖRTER:

HUNGRIGES GÜRTELTIER: PFAD C

AUF ZUM GIPFEL!

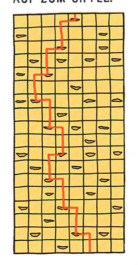

40–41 FRÜHLINGSREISE

FAHRRADTOUR: 4C

WINKEKATZEN:

SUSHI-TELLER: B

KIRSCHBLÜTEN ZÄHLEN: 55

SUSHI-SUDOKU:

SEEROSENTEICH:

42–43 ÜBER DEN WOLKEN

WOLKENWÖRTER:

LITOP = PILOT, NDWI = WIND, LNEEGIF = FLIEGEN,
IHMELM = HIMMEL, GLEVO = VOGEL

VOGELPAARE:

BLITZ-QUIZ:

1. Richtig   2. Richtig
3. Falsch   4. Richtig
5. Falsch

44–45 HOCH IM NORDEN

SCHNEERÄTSEL: C

FLAGGENQUIZ:

Schweden = D, Finnland = A, Norwegen = C, Dänemark = B

INSEL-KREUZFAHRT:

Der Dampfer läuft vier
Inseln an. Ziel der Fahrt
ist die Eierinsel.

46–47 REISE INS WELTALL

WELTRAUMTOURISTEN:

ZURÜCK ZUR RAKETE:

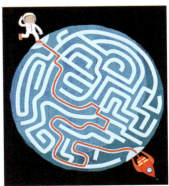

RICHTIG ODER FALSCH?
Richtig

46–47 REISE INS WELTALL (FORTGESETZT)

WELTRAUM-BUGGYS: Man kann nur zwei komplette Buggys bauen, also nicht genug für alle Astronauten.

STERNSUCHE:
„STERN" kommt fünfmal vor.

PLANETENCODE:

Die Erde sieht gut aus von hier!

(Der Code: 1 = A, 2 = B, 3 = C und so weiter)

48–49 PICKNICK IM PARK

HUNGRIGE BÄREN:

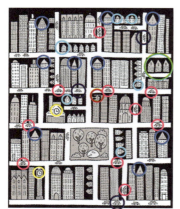

WIE VIELE BELEGTE BROTE? 6
Die Ameise ist hier:

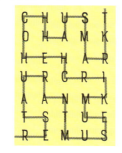

52–53 IN DER GROSSSTADT

ZUM MUSEUM:
D, A, C, B.

BUSROUTE:

Restaurant, Museum, Kirche, Hochhaus, Markt

- ◯ Grüne Autos
- ◯ Wolkenkratzer mit dreieckigem Dach
- ◯ Zifferblätter
- ◯ Gelbe Taxis
- ◯ Grüne Häuser nebeneinander
- ◯ Hubschrauber
- ◯ Hellgelbe Häuser mit rotem Dach

54–55 HEISSKALTES ISLAND

VOGELPAARE:

ZUGESCHNEITES SCHILD:
Wegweiser / Vulkane / Geysire / Gletscher / Wasserfall / Schlammloch

WALE BEOBACHTEN:
Es sind 11 Wale.

VULKANAUS-BRUCH?
Ja, der Vulkan bricht aus.

ABENTEUER:

Dies ist die Route mit den wenigsten Punkten: 14

56–57 AUF FOTOSAFARI

ERDMÄNNCHEN:

GIRAFFENGITTER:

= E9
= G3
= G11

GIERIGER PELIKAN: 16 Fische

60 URLAUBSPOST

RÄTSELHAFTE POSTKARTE:
BIN SEIT VIER WOCHEN IN KALIFORNIEN – ES IST HEISS!
(Der Code: A = C, B = D, C = E und so weiter)

BRIEFMARKEN:
Der kleine Vogel sitzt auf der Schulter der Büste.

STUMME STATUEN:
Die zweite Statue von links ist anders. Sie lächelt.

HAUPTSTÄDTE: Streifen B.

Zusätzliche Illustrationen: Laura Bridges und Jenny Hastings

1. Auflage 2023 © 2023, 2013 für die deutsche Ausgabe: Usborne Publishing Limited, 83–85 Saffron Hill, London EC1N 8RT, Großbritannien. Deutsche Niederlassung: Usborne Verlag GmbH, Prüfeninger Str. 20, 93049 Regensburg, Deutschland. Titel der Originalausgabe: Holiday Activity Book © 2023, 2019, 2012 Usborne Publishing Limited, London. Der Name Usborne und das Ballon-Logo sind eingetragene Markenzeichen von Usborne Publishing Limited. Alle Rechte vorbehalten.